BEI GRIN MACHT SICH IHR WISSEN BEZAHLT

- Wir veröffentlichen Ihre Hausarbeit,
  Bachelor- und Masterarbeit

- Ihr eigenes eBook und Buch -
  weltweit in allen wichtigen Shops

- Verdienen Sie an jedem Verkauf

Jetzt bei www.GRIN.com hochladen
und kostenlos publizieren

Vanessa Bauer

Der bayerische Heimatkrimi (Regionalkrimi): Ein Verkaufsschlager! „Milchgeld", „Schweinskopf AL DENTE" und „Föhnlage"

GRIN Verlag

Bibliografische Information der Deutschen Nationalbibliothek:

Die Deutsche Bibliothek verzeichnet diese Publikation in der Deutschen National-
bibliografie; detaillierte bibliografische Daten sind im Internet über http://dnb.d-
nb.de/ abrufbar.

Impressum:

Copyright © 2013 GRIN Verlag GmbH
Druck und Bindung: Books on Demand GmbH, Norderstedt Germany
ISBN: 978-3-656-61938-3

Dieses Buch bei GRIN:

http://www.grin.com/de/e-book/270587/der-bayerische-heimatkrimi-regionalkrimi-
ein-verkaufsschlager-milchgeld

GRIN - Your knowledge has value

Der GRIN Verlag publiziert seit 1998 wissenschaftliche Arbeiten von Studenten, Hochschullehrern und anderen Akademikern als eBook und gedrucktes Buch. Die Verlagswebsite www.grin.com ist die ideale Plattform zur Veröffentlichung von Hausarbeiten, Abschlussarbeiten, wissenschaftlichen Aufsätzen, Dissertationen und Fachbüchern.

Besuchen Sie uns im Internet:

http://www.grin.com/

http://www.facebook.com/grincom

http://www.twitter.com/grin_com

Der bayerische Heimatkrimi: Ein Verkaufsschlager

Erläuterungen anhand der Beispiele „Milchgeld", „Schweinskopf AL DENTE" und „Föhnlage".

1 Einleitung

1.1 Verkaufszahlen

Eine neue Art von Kriminalromanen bevölkert seit den 1980er Jahren die deutschen Buchhandlungen – der Heimatkrimi. Dass diese Art von Krimi in Mode ist, „das zeigt die Zahl der Neuerscheinungen, [...] die Verkaufszahlen und [...] die Bestsellerlisten"[1]. Immer mehr Heimatkrimis erscheinen in immer kürzeren Abständen und platzieren sich regelmäßig unter den Top Ten[2]. „Etwa eine Million Exemplare werden pro Jahr verkauft".[3] Die jeweilige Verfilmung der Rekordkandidaten ist dann nur noch die Spitze des Eisberges[4]. Gerade in Zeiten der Globalisierung erscheint dieser Trend zur Heimatliebe überraschend. Typische Vertreter der sogenannten Heimatliteratur, wie z.b. „Milchgeld", Föhnlage" und „Schweinskopf AL DENTE" können Auflagen von über 500.000 Büchern[5] vorweisen. Im Folgenden soll analysiert werden, was den Erfolg des Heimatkrimis ausmacht, ob sich dieser an bestimmten Erfolgsmerkmalen erklären lässt.

1.2 Definition

Um diese Frage zu klären, ist zunächst auf den Begriff des „Heimatkrimis" einzugehen. In den Heimatkrimis oder auch Regionalkrimis[6] geht es in der Regel um einen Mordfall, der „die Entstehung des Verbrechens in seiner chronologischen Abfolge darstellt"[7] oder als Detektivgeschichte, die das Verbrechen „in aufklärerischer Weise rekonstruiert"[8]. Der Kriminalroman spiegelt dabei oftmals „ein großes gesellschaftliches Panorama"[9] [...] wieder, „während die Detektivgeschichte stärker auf die intellektuelle Leistung und Verhaltensweise des Detektivs (und des Lesers!) abzielt"[10].

Eine verbindliche Definition für den Heimatkrimi ist nur schwer möglich, da es zu viele Subgenres (z.B. Dorfkrimi, Themenkrimi) gibt, mit unterschiedlicher Komplexität und Variantenreichtum. „Der "Regionalkrimi" hebt [...] en passant die landschaftlichen Reize des Tatorts hervor[11]." "Der Tatort [...] ordnet den Raum und erzeugt spezifische Vorstellungsbilder, die Eingang in die alltägliche

---

[1] http://suite101.de/article/qou-vadis-kriminalliteratur-a43524
[2] http://www.weltbild.de/1/bestsellerkrimi/bestseller-krimi.html
[3] http://www.welt.de/print-wams/article131308/Die-deutsche-Krimi-Landschaft.html
[4] http://www.daserste.de/unterhaltung/film/filme-im-ersten/specials/milchgeld-100.html (Milchgeld Sendung)
[5] http://www.welt.de/kultur/literarischewelt/article13419771/Kluftinger-killt-Harry-Potter-und-verliebte-Vampire.html
[6] Die Begriffe „Heimatkrimi" und „Regionalkrimi" werden im Folgenden als gleichbedeutend behandelt
[7] http:// www.uni-due.de/einladung/vorlesungen/epik/kriminalroman.htm
[8] Siehe Randbemerkung Nr. 7
[9] Siehe Randbemerkung Nr. 7
[10] Siehe Randbemerkung Nr. 7
[11]Silke Leuendorf „Der Regionalkrimi im Westen von Deutschland.Poetik und Entwicklung eines Genres", 2008

Wirklichkeit finden[12]." „In ihm ist die "Heimat [...] Handlungsraum für eine Kriminalgeschichte, in der es gemäß der Gattungsgesetze um die Aufklärung eines Verbrechens geht, so dass die bestehende Ordnung wieder hergestellt wird[13]." Damit lässt sich der Heimatkrimi verständlich erklären als Krimi, der in einer bestimmten Region Deutschlands spielt, dabei das „Lokalkolorit"[14] hervorhebt, die jeweiligen Figuren der Gegend anpasst und einmalige Schauplätze zum Mittelpunkt der Ermittlungen macht und so für den Leser Identifikationsmerkmale schafft.

2 Erfolgsmerkmale

Ob der auffällige Trend zur Regionalisierung der Krimis aufgrund des Verkaufserfolges an bestimmte wiederholende Kriterien fest zu machen ist, wird im Folgenden geklärt.

2.1 Rätsellust

Krimis erzeugen Angst und Schrecken und befriedigen zugleich ein Sicherheitsbedürfnis durch die Gewissheit der Verbrechensaufklärung. Mit diesem Hintergrundwissen fällt es der Leserschaft leicht an der Aufklärung mit zu rätseln.

In allen drei Büchern wird die Rätsellust für den Leser sogar noch gesteigert. In „Föhnlage" und „Milchgeld" geschieht dies dadurch, dass regelmäßig sogenannte „red herrings[15]" ausgeworfen werden, also Ablenkungsmanöver, damit der Leser auf eine falsche Spur gelenkt wird. Es kommen angeblich entscheidende Hinweise oder neue verdächtige Personen ins Spiel, die sich aber allesamt nicht als zielführend oder falllösend erweisen. Dies alleine unterscheidet sich aber nicht entscheidend vom herkömmlichen Krimi, der Unterschied liegt vielmehr darin, dass die immer wieder neuen Verdächtigen nicht als völlig schizophrene und grausame Berufskiller in den Plot gebracht werden, sondern so, als ob diese einfach auch nur aus der Nachbarschaft des Lesers sein könnten. Es sind Leute, die ebenfalls in der Region verankert sind, mit regionspezifischen Nachnamen (z.B. in „Schweinskopf AL DENTE" „Flötzinger, Simmerl")und alltäglichen Berufen (z.B. Installateur, Metzger,

---

[12] Björn Bollhöfer: "Der Kölner Tatort als mediale Verortung kultureller Praktiken" (2007) http://kups.ub.uni-koeln.de/id/eprint/2014
[13] http://blogs.taz.de/hausmeisterblog/2010/07/12/regionalkrimis_5_genre-pflege/ Krimiblock"-Eintrag vom 29.9.09: "Autopsie" von Reinhard Jahn
[14] Bedeutung: das Charakteristische eines Ortes oder einer Gegend in Bezug auf Landschaft, Leute, Sitten usw. wie es [auf oft übertriebene und klischeehafte Art und Weise] in Fotografie, Film oder Literatur eingefangen und wiedergegeben wird
[15] „red herring" ist ein Ablenkungsmanöver. Ein Erklärungsansatz geht auf das 17. Jahrhundert zurück, als flüchtige Kriminelle geräucherte Heringe auslegten, um durch den Geruch Spürhunde abzulenken und so die eigene Fährte zu verwischen. Vgl. http://www.wisegeek.com/what-is-a-red-herring.htm

Wirt), meist aus der ehrbaren arbeitseifrigen Mittelschicht[16]. Dem Leser wird die Illusion ermöglicht, zu glauben, dass er aufgrund seiner gleichen Standeszugehörigkeit und der Tatsache, dass er im Alltag auch von solchen Menschen umgeben ist, den Verbrecher selbst ausfindig machen zu können, vielleicht sogar schneller wie der Kommissar im Krimi. In derartige Personen kann sich der Leser eher hineindenken, als an z.B. gut organisierte Verbrechersyndikate. In „Schweinskopf AL DENTE" wird die gesteigerte Rätsellust dadurch beim Leser ausgelöst, in dem man den von Anfang an Verdächtigen mehrmals vermeintlich unschädlich macht, man lässt ihn verhaften, man lässt ihn sterben, damit fällt zwar zunächst die Spannung, aber bereits nach einigen Kapiteln erfährt der Leser, dass der Verdächtige irrtümlicherweise doch noch auf Rachefeldzug ist, womit die Spannung wieder steigt, und der Leser rätselt, mit welchen weiteren Mitteln wird der Verbrecher versuchen seine Tat zu vertuschen bzw. neue Taten umzusetzen. Die Spannung besteht in der Frage, ob sich der Verbrecher noch aufhalten lässt.

Der Heimatkrimi gibt dem Leser die Chance Jemanden zu kennen, aber Keinem zu vertrauen, was dadurch interessanter gemacht wird, dass dies in einem ihm bekannten Umfeld passiert. Die Täter könnten anhand Ihrer Beschreibung jederzeit vor einem stehen, es sind Menschen aus dem Alltag, jeder kennt persönlich derartige Durchschnittsmenschen. Solchen Leuten traut man kein Verbrechen zu, aber der Gedanke reizt. Der Spannungsbogen wird gewollt wellenartig variiert, d.h. jedes Mal, wenn der Leser glaubt, dass er vermeintlich das Rätsel gelöst hat, wird er durch eine logische Erklärung eines besseren belehrt und er freut sich auf das Weiterrätseln, was wiederum durch die Informationsgleichheit zwischen Leser und Ermittler provoziert wird.

2.2 Realitätsnähe

In allen drei Werken wird sehr detailgenau und realitätsbezogen geschrieben. Dabei muss unterschieden werden in die realitätsnahe Ort- und Landschaftsbeschreibungen und in die detailgenaue Abhandlung der Ermittlungen.

2.2.1 Ort- und Landschaftsbeschreibung

„Regionalkrimis werden überwiegend in den Regionen gekauft und gelesen, in denen die Geschichten spielen[17]". Damit muss davon ausgegangen werden, dass der Leser sich in der Region des Verbrechens gut auskennt. Der kundige Leser freut sich über jede Komponente im „Lokalkolorit", die er im alltäglichen Leben verifizieren kann. So kann man z.B. alle beschriebenen Wege des

---

[16] http://www.faz.net/aktuell/wirtschaft/konjunktur/studie-des-diw-die-mittelschicht-schrumpft-1997710.html: Anteil der Mittelschicht betrug im Jahre 2012 ca. 60 % und ist damit der größte Bevölkerungsanteil und folglich daraus größter Leserkreis
[17] http://www.welt.de/regionales/berlin/article1617982/Die-deutsche-Krimi-Landschaft.html, von Reinhard Jahn entnommen

Kommissars Kluftinger in „Milchgeld" in der realen Welt auch entsprechend zurücklegen. Der Leser fühlt sich so „zuhause", er kann mitreden und freut sich, dass seine Heimat realistisch abgebildet ist. Er verspürt den Reiz Straßen-, Gebäude- oder Ortsnamen und Landschaftsmerkmale zu „kontrollieren", sie im Internet z.B. über Google zu suchen oder abzufahren. Gleichzeitig verschafft es ihm eine verschärfte Möglichkeit in das Geschehen einzutauchen und es nachzuvollziehen. Durch die extrem detaillierte Beschreibung der Region, eines Milieus oder einer anderen lokalen Struktur kann der Rezipient in seiner eigenen Heimat auf Spurensuche gehen und kann das Leseerlebnis dann sogar teilweise mit realen Erlebnissen, wie z.B. einer Führungen auf den Spuren „Kluftingers" verbinden[18]. Der Tatort „Altusried" in Milchgeld z.B. existiert in der Realität und hat es trotz nur 10.000 Einwohner durch die konkreten Beschreibungen zu einer gewissen Berühmtheit gebracht und bietet derartige Ausflüge an, um den Andrang der Neugierigen zu befriedigen. Der Tatort in „Föhnlage" ist zwar nicht direkt erwähnt, aber anhand der Beschreibungen (z.B. Nennung der Straßen „Oberkogelkopf- und Blacherspitzhornstrasse", Landschaftsbeschreibung S.117) und Bemerkungen wie „ein Ort, den Ausländer nur schwer aussprechen können" als der reale Ort „Garmisch Partenkirchen" zu ermitteln. Anders in „Schweinskopf AL DENTE", dessen Tatort „Niederkaltenkirchen" nicht real existent ist, aber dieser derart genau beschrieben ist, dass es dem Leser ermöglicht, eine Ortskarte anzufertigen[19]. Egal ob ein Ort frei erfunden oder real ist, die Plausibilität der Darstellung ist entscheidend. Erreicht werden kann diese durch die Einbeziehung dem Rezipienten bekannter Faktoren (z.B. Topographie, soziale Strukturen), wodurch Realität simuliert wird. „Nichts ist so gruselig wie die Realität"[20] und dies wirkt wie ein „Brandbeschleuniger" auf die Spannung.

Aber auch für Region fremde Leser entsteht dadurch als Nebeneffekt ein Kaufanreiz, da der Regionalkrimi für diesen Leserkreis dabei zum „Reiseführer bzw. Fremdenführer"[21] der anderen Art mutiert, beschriebene Sehenswürdigkeiten verbindet man mit dem Krimi und „wandert" auf den Spuren der Kommissare.

2.2.2 Ermittlungsabhandlungen

Die Abläufe der Ermittlungen werden im Einzelnen so detailgenau wie irgend möglich beschrieben. Betrachtet man z.B. die Handlungen bei den Ermittlungen in „Milchgeld", „so könnten diese genauso in der Realität passiert

---

[18] Vgl. http://kommissar-kluftinger.de/525.0.html
[19] Siehe Anlage I: Ortskarte Niederkaltenkirchen aus „Schweinskopf AL DENTE"
[20] http://baeaeaemm.de.tl/gruselige-geschichten-.--.--.--k1-vielleicht-auch-nicht-so-gruselig-ar--f--k2-.htm
[21] http://www.mittelbayerische.de/reisen/reise-freizeit/artikel/kriminal-tango-in-hillesheim/807435/kriminal-tango-in-hillesheim.html

sein, alle Abläufe wie Tatortabsicherung, Spurensicherung, gerichtsmedizinische Untersuchung sind gut recherchiert und nehmen einen großen Teil des Buches ein"[22]. Dabei werden auch Fachtermini richtig eingesetzt, wie z.b. Auskulator (Materialklopfer) in „Föhnlage" (S.218) oder die unterstützenden Spezialeinheiten präzise genannt (S.39 in „Föhnlage").

Die genaue Einhaltung der Chronologie und der Geschehensabläufe in der Gegenwart runden damit die Glaubwürdigkeit für den Leser ab und erhöhen die Illusion eines wirklichen Geschehens. Damit wird er de facto zum Insider des Verbrechens. Von Vorteil ist dabei auch, dass die Autoren meist aus den beschriebenen Regionen stammen und somit genau wissen, wovon sie schreiben (Volker Klüpfel z.b. stammt selbst aus Altusried)[23].

2.3 „Retrowelle"

Nimmt man beispielhaft Situationsbeschreibungen aus dem Alltag der Tatorte oder teilweise Personenmerkmale der mitspielenden Charaktere aus den genannten Krimis unter die Lupe, so stellt man fest, dass diese sehr traditionsbewusst, religiös und altmodisch sind bzw. dem Brauchtum zusprechen. In „Milchgeld" trägt der Kommissar z.b. Tracht (Lederhosen S.6) und spielt in der Dorfblaskapelle (S.6), rosa Krawatten sind ein „no-go" (S.19) und er fährt einen alten Passat (S.13), während in „Föhnlage" seitenweise dem heimatlichen Brauchtum gefrönt wird und ein Trachtenumzug ausführlichst beschrieben wird (S.276-279) und in „Schweinskopf AL DENTE" strengstens die Fastenzeit eingehalten wird, da die Oma auf ihren katholischen Glauben größten Wert legt (S.29). Dazu passt es, dass der Kommissar Eberhofer nahezu ausschließlich im Dialekt spricht (z.B. S.6,9). Es ist ein Rückgriff auf ältere Traditionen und Epochen, auf Phasen und Stile. Der Heimatkrimi springt auf den Modetrend der „Retrowelle"[24] auf und versucht das „Althergebrachte" zu verklären. Es wirkt wie ein Statussymbol, wer Tradition und Brauchtum würdigt, zeigt, dass er aus einer alteingesessenen, einflussreichen Familie kommt. Beim modernen Leser ist eine Übersättigung an cosmopolitischen und globalisierten Skurrilitäten eingetreten. Durch die Vernetzung und fortschreitende Internationalisierung wird wiederum das Verlangen nach Heimat und Zugehörigkeit verstärkt.

Die „Retrowelle" „nimmt die Angst vor Beschleunigung"[25] und erinnert an eine Zeit ohne „Verpflichtungen und voller Möglichkeiten[26]". Nostalgisch soll am Gestern festgehalten werden - weil dadurch das Morgen erträglicher wird. Der Heimatkrimi fördert die Sehnsucht nach alten Zeiten, ist dies doch

---

[22] http://www.richtberg.org – vgl.: : Der Regionalkrimi Milchgeld - Ein kriminalistischer Erfolg?
[23] http://kommissar-kluftinger.de/510.0.html
[24] Vgl. http://www.sueddeutsche.de/stil/retro-trend-gefuehl-von-freiheit-und-jugend-1.1316371); http://www.buecher-wiki.de/index.php/BuecherWiki/regionalkrimi
[25] http://www.sueddeutsche.de/stil/retro-trend-gefuehl-von-freiheit-und-jugend-1.1316371
[26] http://www.sueddeutsche.de/stil/retro-trend-gefuehl-von-freiheit-und-jugend-1.1316371

verkaufsfördernd, da die Hirnforschung festgestellt hat, dass Produkte mit Tradition erfolgreicher sind[27].

2.4 Kontrast

In den Heimatkrimis ereignen sich die Verbrechen an ungewöhnliche Orte, an Orte an denen der gemeine Krimileser diese nie vermuten würde, oftmals auch in ländliche Gegenden, wie z.b. in Altusried („Milchgeld").

Ein Mord in einer Großstadt wie New York oder London ist für den Leser keine Überraschung mehr. Ein Mord in Altusried, ein beschaulicher Markt im bayerisch-schwäbischen Landkreis Oberallgäu, das an der Oberschwäbischen Barockstraße liegt, ist aber doch ungewöhnlich. An einem vertrauten, vermeintlich sicheren Ort geschieht etwas Unfassbares. Schon Goethe hat dieses Phänomen erkannt und sagte in einem Gespräch 1827: "Denn was ist eine Novelle anders als eine sich ereignete unerhörte Begebenheit[28]." Abzustellen ist dabei auf die „unerhörte Begebenheit". „Was sich hier hinter Gardinen und Geranien auftut, ist meist abgründiger als in der Stadt[29]". Auf der einen Seite Romantikidylle und Klischees, auf der anderen Seite Mord und Totschlag. Das Verbrechen zieht in die eigene Heimat ein. „Heimat ist kein Ort, Heimat ist ein Gefühl[30]". Heimat ist da, wo man daheim ist. Wo man daheim ist, fühlt man sich sicher[31]. „Eine dem Leser bekannte und erhaltenswerte Ausgangssituation, in der man die gerade gültigen Moralvorstellungen bestätigt findet, wird durch ein Verbrechen gestört, ins Ungleichgewicht gebracht[32]". Das „Heimelige" wird zum „Unheimlichen". „Dies löst eine größere Erregung beim Leser aus, da das Verbrechen in heimische Gefilde vordringt, es löst eine fiktive Verschärfung seiner Umwelt aus[33]".

Der „Gut-Böse-Kontrast" stellt sich beinahe von selbst ein, ein Mord in Altusried wirkt damit viel faszinierender, bedrohlicher und brutaler als z.B. in einer Großstadt. Die dörflichen Lebensstile dienen so als Gegenpol zur schnelllebigen globalisierten Welt. Und gerade weil die Kulisse so friedlich

---

[27] Vgl.: http://www.epochtimes.de/hirnforschung-produkte-mit-tradition-sind-erfolgreicher-938557.html
[28] Goethe, Gespräche mit Eckermann, 29.1.1827,
http://books.google.de/books?id=cmBcGbi2mvYC&pg=PA15&lpg=PA15&dq=Denn+was+ist+ei ne+Novelle+anders+als+eine+sich+ereignete+unerh%C3%B6rte+Begebenheit&source=bl&ots=U VFXH1-SkN&sig=5XvTckBR6MTrqVD3Fn_b5HoyK6w&hl=de&sa=X&ei=t3F-UM26KpDJswbmrIHgDw&ved=0CDcQ6AEwAw#v=onepage&q=Denn%20was%20ist%20eine%2 0Novelle%20anders%20als%20eine%20sich%20ereignete%20unerh%C3%B6rte%20Begebenhei t&f=false
[29] http://www.welt.de/wams_print/article2967841/Das-Boese-lauert-an-der-Ecke.html
[30] http://www.tegernseerstimme.de/heimat-ist-kein-ort-heimat-ist-ein-gefuhl-oder-was-tust-du-eigentlich-fur-dein-tal/27378.html
[31] Vgl.: http://www.uni-ulm.de/LiLL/gemeinsamlernen/materialien/heimat/theoriegruppe_bern/definitionen.html
[32] http://www.kritische-ausgabe.de/hefte/verbrechen/piess.pdf, S.6
[33] http://blogs.taz.de/hausmeisterblog/2010/07/12regionalkrimis_5

wirkt, kann das Verbrechen internationaler daherkommen (in „Milchgeld" arbeitet das Opfer für einen internationalen Lebensmittelkonzern), um einen Brückenschlag von der Dorfgemeinde zur „großen weiten Welt" zu vollführen.

2.5 Identifikation

Der Regionalkrimi ist ein Stück Heimatliteratur, das an die geografischen und emotionalen Instinkte der potenziellen Leser appelliert. Der Leser soll und will sich mit der „Heimat"[34] identifizieren, Heimat als Sehnsuchtsort quasi. Dabei erfolgt die Identifikation mit dem Begriff „Heimat" auf mehreren Ebnen. Angefangen mit der Sprache über die Landschaft bis zu den Personen wird der Leser „mitgenommen".

2.5.1 Sprachstil

Die Leserintention ist klar vorgegeben, der Heimatkrimi soll unterhalten und der Leser, trotz der Thematik, zum Lachen gebracht werden. Dazu bedient sich der Regionalkrimi u.a. mehrerer sprachlicher Mittel.

Gerade in „Schweinskopf AL DENTE" wird sehr viel Mundart gesprochen. Dialekt soll Verbundenheit und Gefühl vermitteln. Dialekt ist nicht mehr ein klassenspezifisches, sondern ein lokales Zeichen, welches eine Region auszeichnet. Die Sprache ist leicht verständlich, vorwiegend ver- satzstückhaft, auf die Vermittlung äußerer Effekte justiert[35]. Sie ist humorvoll, bissig, derb, ironisch, teilweise auch makaber („Föhnlage S.16 „Was von Ingo übrigblieb […]"). Selbst Ausdrücke dürfen nicht fehlen („Schweinskopf AL DENTE" S.9 „Scheißdreck", „Arschloch"). Viele Dialoge und direkte Reden (z.B. „Föhnlage" S. S.41, S.50, S.130) und auch indirekte Fragen sorgen für mehr Natürlichkeit und Nachvollziehbarkeit. Alliterationen (z.B. „Föhnlage" S.53, S.70 „schlüpfrig, schlüpfrig") und Wortspiele („Föhnlage" S. 153 „todsicher") schaffen Atmosphäre. Um dem Genre gerecht zu werden, finden sich auch neue Wortschöpfungen, wie z.B. in „Föhnlage" das Wort „columbote" (S.58), eine Anlehnung an den bekannten vergesslichen TV-Detektiv „Columbo" aus den 70er-Jahren und Metaphern wie „Er kam sich vor wie die letzte Weißwurst im Kessel […]" die direkten Bezug auf die bayerische Region nehmen.

Die Sprache wird als Transportmittel eingesetzt, sie soll „Heimatgefühl" vermitteln und den Krimi genau in dieser Region verwurzeln; und es geht darum, mit der Sprache, dem Tod bei all seiner brutalen Endgültigkeit, eine gute Portion Humor abzutrotzen. „Im Regionalkrimi wird die Sprache selbst

---

[34] Im allgemeinen Sprachgebrauch ist Heimat zunächst auf den Ort (auch als Landschaft verstanden) bezogen, in den der Mensch hineingeboren wird, wo die frühen Sozialisationserlebnisse stattfinden, die weithin Identität, Charakter, Mentalität, Sprache, Einstellungen und schließlich auch Weltauffassungen prägen.

[35] http://www.hinternet.de/weblog/2007/08/krimi-sprache-notizen.php

zum Motiv der Geschichte[36]". In dieser Direktheit ist sie in literarischen Werken relativ neu und ungewohnt, was den Leser Abwechslung, Kurzweile und Erinnerungen ermöglicht.

2.5.2 Topografie

„[...] auf dem idyllischen Friedhof am Fuße der Kramerspitze, den der italienische Guida ai cimiteri, der anerkannt beste Führer durch die Friedhöfe Europas, vor ein paar Jahren noch als einen der schönsten des deutschsprachigen Raums bezeichnet hatte", so wird z.b. der Friedhof in „Föhnlage" (S.65) beschrieben. Aufgrund derartiger genauer Darstellungen lässt sich die beschriebene Umgebung genau festmachen. Der Einheimische weiß welcher Friedhof gemeint ist, der Tourist findet den Ort sofort. Die Bemerkungen machen neugierig und vermitteln teilweise Informationen, die man noch nicht wusste. Es werden vertraute und bekannte Örtlichkeiten, Gebäude und Landschaften erwähnt, die den Wiedererkennungswert des Landstrichs erheblich steigern und glorifizieren (S.51 in „Föhnlage" [...] „Wettersteingebirge [...] wie zerknittertes Schokoladenpapier").

Der Heimatkrimi kreist um die historische, topographische und kulturgeschichtliche Besonderheiten einer Region. In Verbindung mit der Vielfalt, Eigenheit und Schönheit der Landschaft wird damit Identität und Geborgenheit vermittelt.

2.5.3 Protagonisten

Bei den Regionalkrimis ist auffällig, dass das Verbrechen eher eine untergeordnete Rolle spielt (niemand denkt ernsthaft an einen Thriller mit Serienkiller, wenn z.b. das halbe Dorf nach dem Verzehr von Omas Rotweinkuchen in das Krankenhaus eingeliefert wird, wie in „Schweinskopf AL DENTE) und dafür die Ermittler mehr selbst in den Focus der Geschichte gestellt werden. Die Krimihandlung gibt nur den Rahmen vor. Im Kern geht es um die Fassade hinter der Postkartenidylle, die bevölkert ist von liebenswerten „Batzis", verbrecherischen Funktionsträgern und Ermittler als Sympathieträger. Die Charakterisierung der Figuren ist ein zentraler Punkt im Heimatkrimi. Es wird viel Zeit darauf verwendet, die einzelnen Charaktere zu beschreiben. Insbesondere von den Kommissaren, den Protagonisten, erfährt der Leser viele Details. Franz Eberhofer („Schweinskopf AL DENTE"), Hubertus Jennerwein („Föhnlage) und Kluftinger („Milcheld") sind keine moderne, tapfere und gutaussehende Ermittlerhelden, wie z.b. wie die Figur von Raymond Chandler „Philip Marlowe[37]", der als Prototyp der sog. „hard-boiled Krimis" aus den USA knallhart, unbestechlich und sentimental seine Fälle löst. Sie haben

---

[36] http://www.goethe.de/kue/lit/ein/de5279840.htm
[37] Philip Marlowe ist eine Romanfigur von Raymond Chandler. Marlowe ist ein Privatdetektiv, der in einer Welt ohne Moral und Grundsätze versucht, nach seinen eigenen moralischen Grundsätzen zu leben. Er ist gutaussehend, knallhart und kräftig.

auch nur wenig Berührungspunkte zu der bekannten Kunstfigur „Sherlock Holmes[38]" von Sir Arthur Conan Doyle, der durch seine neuartige forensische Arbeitsmethode und als englischer Gentleman erfolgreich ist. Die Ermittler in den drei Werken „Föhnlage", „Milchgeld" und Schweinskopf AL DENTE" sind sich in der Personenstruktur sehr ähnlich. Sie sind in den beispielhaft herangezogenen Werken für Heimatkrimis keine Superhelden, keiner hat eine überragend positive, auffällige Eigenschaft, jeder hat aber ausgeprägte Schwächen.

Schaut man sich z.b. den Kommissar Hubertus Jennerwein aus dem Krimi „Föhnlage" näher an, so ist dieser mittelgroß, mittelschwer, durchschnittlich gutaussehend, symphatisch, 48 Jahre alt, mittelbraune Haare (S.38), 1,5 Zentner schwer (S.104), bewegungsblind (S.110,111,138) und eigenbrötlerischer Single (S.160,229). Er ist sehr diszipliniert, hat eine 100 % Aufklärungsquote (S.138) und ist ein Morgenmuffel (S.204) mit Abitur (S.44). Der Kommissar wird mit Wildschütz Georg Jennerwein[39] verglichen und offenbart Schwächen (S.78, S.109 „Zufall", S.112 „Not", S.232) sowie Stärken (S.138 hohe Aufklärungsquote). Er hat „Frauenprobleme" und würde sich gerne der Psychiaterin Dr. Maria Schmalfuß „offenbaren"(S.145). Jennerwein redet gerne im Dialekt (S.58)und liebt bayerische kulinarische Spezialitäten sowie Bier. Gerne werden auch Witze über Ausländer gemacht (S.322,323).

Nicht anders verhält es sich bei Franz Eberhofer, Kommissar in „Schweinskopf AL DENTE". Dieser ist mit Herz und Blut Polizist. Vorfälle in der Vergangenheit haben Ihn allerdings in seinen Heimatort „Niederkaltenkirchen" als Dorfpolizist verschlagen. Dennoch ist er nun endlich zum Kommissar befördert worden (S.5). Eberhofer dreht gerne mit seinem Hund „Ludwig" „Gassirunden", die auf der Uhr gestoppt werden. Er trinkt gerne Bier und liebt bayerische Küche („Leberkäss und Fleischpflanzerl", S.22). Er wohnt noch zuhause auf dem Bauernhof, mit seinem Vater und der Oma. Er ist wieder Single, nach dem seine Lebensgefährtin Susi ihn wegen einem Italiener verlassen hat (S.51). Eberhofer redet ebenfalls im Dialekt und bedient das voreingenommene Klischee hinsichtlich Ausländern (S.133,136 oder S.322,323). Nützt seine Position als Polizist aus.

Kommissar Kluftinger ist mittelgroß, kräftig gebaut und Ende vierzig. Er hat lichtes Haar und eine knollige Nase (S.10). Bayerisches Essen, „Kässpatzen", Käse (S.5,33), Bier (S.40) ist sein Lieblingsgericht und er trägt Tracht, Lederhosen (S.5). Er gilt als Respektsperson (S.9) und hat ein gutes Gedächtnis

---

[38] Sherlock Holmes ist eine vom britischen Schriftsteller Sir Arthur Conan Doyle geschaffene Kunstfigur, die in seinen zur Zeit des späten 19. und frühen 20. Jahrhunderts spielenden Romanen als genialer Detektiv tätig ist.
[39] Georg Jennerwein, (* 1848 in Haid; † 6. November 1877 am Rinnerspitz in den Schlierseer Bergen) war ein bayerischer Wilderer.

(S. 10), bekommt oft Sodbrennen (S.5), ist gegen Leichengeruch allergisch (S.8), bekommt des Öfteren „heiße Füße", fährt einen alten Passat (S.13), liebt den Dialekt (S.14,25,35), flucht sehr gerne (S.16,42,44) und ist an Frauen interessiert (S.17). Er ist altmodisch (S.15,S.25,307), mag keine Anglizismen (S.42), ist ein Sparfuchs (S.24), steht auch mal neben sich (S.26), wird gerne wütend (S.284), schimpft gerne auf alles „Ausländische" (S.165) und ist geizig (S.209).

Anhand der vielen detailreichen Personenbeschreibungen, ist es für den Leser möglich, sich ein genaues Personenbild zu machen. „Beim Erzählen kommt es auf den Konflikt an, auf die Verwicklung zwischen Protagonist und Antagonist. Dabei muss der Leser zur Parteinahme in diesem Konflikt bewegt werden"[40]. Dies geschieht dadurch, dass er Einblicke in das Privatleben der Kommissare bekommt. Die kleinen und großen Schwächen, Stärken, Gefühle und Gedanken werden offenbart. „Das Lesepublikum nimmt „nicht nur an der Mordaufklärung teil, sondern auch an dem Alltag der Figuren[41]". Die Leserschaft fühlt sich von den Menschen der Region und ihren Scharmützeln untereinander angezogen. Der Rezipient bekommt quasi mit diesen Heimatgeschichten einen Spiegel vor den Augen gehalten, gewürzt mit einer gehörigen Portion bissigem Humor. Wenn man z.b. über   den Eberhofer („Schweinskopf AL DENTE") lacht, der im ständigen Generationenkampf mit seinem „Papa" ist oder im Bruderstreit mit Leopold, dann lacht der Leser auch über sich und wer über sich lacht, der löst innere Spannungen[42] und ist zufrieden. Die Charaktere werden von den Autoren bewusst unscheinbar dargestellt (z.B. Föhnlage S. 38), es werden Marotten und Vorlieben erwähnt (z.B. S.78 „Föhnlage z.B., S.5,10,16 „Milchgeld"). Diese agieren nach der „Columbo-Taktik"[43], d.h., unterschätzt werden, aber am Schluss doch erfolgreich zuschlagen (siehe auch im Text S. 58 „Föhnlage" – „columbote"). Schließlich werden alle „Mordfälle" aufgeklärt. Die Persönlichkeitsmerkmale des „Modells", hier also des Kommissars, werden so beschrieben, dass die Bedürfnisse des Empfängers, hier also des Lesers, zufriedengestellt werden. Es entsteht eine positive emotionale Beziehung sowie eine Abhängigkeit von Ermittler und Leser, die die Nachahmungsbereitschaft und Vergleichbarkeit des Lesers begünstigt[44]. Der Protagonist ist austauschbar in seiner Normalität. Für den Leser soll der Eindruck erweckt werden, dass er den Kommissar z.B. vom Stammtisch oder Kirchenchor kennen könnte, vielleicht ist es sogar der

---

[40] Vgl.: http://www.little-artur.de/werkstatt/workshops/mini_krimi/krimi_workshop.htm
[41] http://krimiblog.blogspot.de/2009/09/was-ist-ein-regionalkrimi-eine-autopsie.html
[42] Vgl. http://www.volksstimme.de/ratgeber/noch_mehr_ratgeber/499908_Wer-richtig-feiern-kann-ist-zufriedener-und-gesuender.html
[43] Columbo ist ein unordentlich, wenig attraktiver und manchmal begriffsstutzig wirkender Polizeibeamter aus einer Krimiserie aus den 70 er-Jahren. Tatsächlich ist er hochintelligent und löst seine Fälle durch seine sehr genaue Beobachtungsgabe hinsichtlich auch kleinerer Details und Widersprüchlichkeiten.
[44] Vgl.: http://www.tu-braunschweig.de/Medien-DB/paed-psych/sozial-kognitive-theorie-banduras-1.pdf

Nachbar. Der Wiedererkennungswert schafft Intimität und Nähe. „Die Psychologin Susan Fiske von der University of Princeton stellte in weltweiten Untersuchungen fest, dass sich die Menschen aller Kulturkreise am ehesten mit „Normalos" identifizieren, dem klassischen Bürger der Mittelschicht[45], und nicht mit den als kalt und herzlos angesehenen Überfliegern.[46]" Die wichtigste Botschaft dabei ist: Ich bin einer von Euch! Dies wird unter anderem im Heimatkrimi dadurch erreicht, dass die Figuren liebevoll ausgearbeitet und „regionale charakterliche Eigenheiten detailliert karikiert werden, was wiederum Bindung schafft – wie die Unbeholfenheit des Allgäu-Kult-Kommissars Kluftinger, seine Angst vor Neuem oder seine Liebe für „Kässpätzle". Oder auch Kommissar Eberhofer, der gerne „Leberkässemmeln" und „Fleichschpfanzerl" mag (S.30). Die Protagonisten werden als „Otto-Normalverbraucher" vom Leser wahrgenommen, sei es wegen ihrem menschlichen Gebaren, wie Fluchen (vgl. z.B. Milchgeld S.16,25,44), ihrer körperlichen Schwächen (Kluftinger mag keinen Leichengeruch S.8), Jennerwein ist bewegungsblind S.138), ihrer Bedürfnisse (sie lieben Bier und bayerische Spezialitäten, mögen die Frauen) oder auch nur, weil sie gerne einmal ihre Position als Polizist ausnützen, so wie Kluftinger, wenn er das Polizeiauto mit Blaulicht unnötig quer in die Straße stellt (S.29) oder Eberhofer der den Installateur mit polizeilichen Maßnahmen erpresst (S.32), wenn er nicht gleich kommt. Dem Leser geht es mehr um eine Authentifizierung, also um eine Feststellung, dass etwas oder jemand eine bestimmte Eigenschaft aufweist, insbesondere solche, die eine Wiedererkennung ermöglichen, als um eine Identifizierung, also ein Gleichsetzen der Identität, mit den Kommissaren. Die Kommissare weisen doch mehr negative Eigenschaften auf, als positive. Niemand möchte in der Realität sämtliche Merkmale der Ermittler in sich vereinigen und genauso sein wie diese. Sie regen zum Schmunzeln an, man fühlt und leidet mit ihnen. „Der Regionalkrimi stellt den Protagonisten eher als Antihelden dar, eine Abwendung vom „naiven Realismus[47]" und eine indirekte Kritik an der Informationsgesellschaft"[48]. Eine Rückbesinnung auf innere Instinkte. So ist Kluftinger z.B. mit einer Internetrecherche und dem Benutzen eines Navigationssystems überfordert, löst aber durch Intuition und Kombinationsvermögen dennoch den Fall. Der Leser bringt Verständnis auf, schließlich kann jeder ein kleines Gebrechen, eine Schwäche oder hier und da einen Lustgedanken vorweisen. Die Autoren von Heimatkrimis spielen dabei auch bewusst mit einer Art von „regionalem Patriotismus", gerne wird auch einmal über ausländische Kulturen sich lustig gemacht (so z.B. wenn

---

[45] „Mittelschicht ist die Schicht, die weder sozial bedürftig ist noch über große Vermögen verfügt". Die Mittelschicht stellt den größten Bevölkerungsanteil in Deutschland mit 58,6 Prozent dar (2009)

[46] „Welt der Wunder", S.53, Heft 11/12 „Wie werde ich beliebt?"
[47] Vgl.: http://www.philolex.de/naivreal.htm
[48] http://www.goethe.de/ins/pl/lp/kul/dup/lit/kri/de5279840.htm

Kluftinger im Dönerladen steht und sich über einen zu scharfen Döner mit „Kruzifix" beschwert oder wenn es im Wirtshaus beim Jennerwein heisst: „Der Russ wars!" oder wenn Eberhofer bei Türken sich über die Teezermonie lustig macht). Der Leser ist quasi der Bauchredner, der Kommissar ist die Puppe. Derartiges findet man lustig, traut es sich selbst im Alltag so aber nicht zu zeigen. Die Kommissare sind bayerische „Sturschädel", „Modernehasser", „Peinsäcke", blitzgescheit mit „Bauernschläue", sozial randinkompetent („Milchgeld" S.292 Verdächtiger wird auf Toilette eingesperrt), kommunikationsgestört und liebenswert. Was immer an den Vätern peinlich ist (Kluftinger fährt z.b. einen alten Passat S.13, Eberhofer wohnt noch zu Hause, Jennerwein ist unauffällig und blas), die Kommissare der Heimatkrimis haben es. Dies alles ist menschlich und auch verzeihbar, solange der Aufklärungserfolg gewährleistet ist. Das „Happy End" ist von außerordentlicher Wichtigkeit. In unsicheren Zeiten, in denen die Kriminalität ständig steigt[49], verlangt das Sicherheitsgefühl des Lesers, dass das „Böse" dingfest gemacht wird. „Am Ende wird meistens die Ordnung wiederhergestellt – da ist ein Krimi fast wie ein Märchen"[50]. Diese Befriedigung des Sicherheitsbedürfnisses wird beim Regionalkrimi dadurch gesteigert, dass die gestörte Ordnung durch alltägliche Dorfpolizisten wieder hergestellt werden kann, also mit nur durchschnittlich begabte und fleißige Ordnungshüter. Dem Leser wird damit vermittelt, dass das Verbrechen in seiner Intensität und Quantität in seiner Region nicht so groß sein kann, denn für die Verbrechensaufklärung sind keine Spezialisten vom BKA[51] oder LKA[52] oder unfehlbare Detektivgenies wie Sherlock Holmes notwendig.

Die Hauptdarsteller profilieren sich hauptsächlich durch ihre regionale Typisierung und sind eine Mischung aus regionaler Besonderheit und entsprechenden Klischees. Durch das geschickte Aufzählen von Alltäglichkeiten in den Persönlichkeiten der Protagonisten wurden bundesweit funktionierende Charaktere geschaffen, die eine ideale Projektionsfläche bieten, da jeder Leser bei sich selbst das eine oder andere Merkmal wiederfindet und sich sympathisieren kann. Die aufwendige Darstellung der Gewöhnlichkeit ist dabei durchaus gewollt. Je besser der Leser seinen Kommissar zu kennen glaubt, desto dauerhafter gestaltet sich in der Regel die verkaufsfördernde Allianz.

3 Zusammenfassung

Durch die geschickte Anwendung der genannten Erfolgsmerkmale, hat der Regionalkrimi eine bestimmte Wirkung auf den Leser. Er steigert auf der einen

---

[49] http://www.focus.de/politik/deutschland/weniger-delikte-aufgeklaert-strassenkriminalitaet-in-deutschland-steigt_aid_753549.html
[50] http://blogs.taz.de/hausmeisterblog/2010/07/12/regionalkrimis_5_genre-pflege/
[51] BKA=Bundeskriminalamt
[52] LKA=Landeskriminalamt

Seite die Grusellust und befriedigt auf der anderen Seite das Sicherheitsdenken. Der Heimatkrimi ist keine neue Gattung des Krimis, „sondern er ist mehr als Verkaufsstrategie zu verstehen"[53]. Der Regionalkrimi ist raffiniert aufgebaut, er enthält alle Ingredenzien die den Nerv der Zeit, insbesondere der Leser treffen und beherrscht die „Klaviatur der Psychotricks". Im Falle eines Regionalkrimis ist das „Wiedererkennen" des Lesers entscheidend. Von den Ortsangaben bis zu speziellen sprachlichen und sozialen Verhaltensweisen erwartet der Leser eine Übereinstimmung mit seiner Vorstellung, auch wenn diese Stereotypen entspricht. Die Region ist bekannt, diese wird mit Ihren Besonderheiten, ihren Charme und ihren rauhen Seiten präsentiert, die Ermittler sind Symphathieträger. Regionale Dialekte werden in die Dialoge eingearbeitet, real existierende Straßen, Dörfer und Landstriche benannt, tatsächlich bestehende Probleme dieser Region erwähnt oder gar in die Handlung integriert, was Verbundenheit zwischen Krimi und Leser herstellt. Das Selbstwertgefühl für die Herkunft wird gestärkt. Der Heimatkrimi verbindet die Gegenwart mit der Vergangenheit und lässt Geschichten sicht- und erlebbar werden. Was viele Leser im Besonderen anspricht, ist die Tatsache, dass sie sich fernab der großstädtischen Anonymität bewegen und der Eindruck erweckt wird, dass „Columbos" für Ihre Sicherheit sorgen können und aus Sicherheit schöpft man Vertrauen, weil das ein berechenbares Umfeld ist. Es sind die großen Geschichten der kleinen Leute. Der Heimatkrimi ist nahe an den eigenen Lebensverhältnissen der Leser angelehnt. Die eigene Region Schwarz auf Weiß und fern eines objektiven Sachbuches vorzufinden, stellt für viele Leser einen wichtigen Grund dar, Regionalkrimis anderen Krimis den Vorzug zu geben. Aber nicht nur die Heimat liebende Leserschaft greift zu Regionalkrimis; nicht selten kommt es vor, in solchen Romanen eine neue Leidenschaft für bisher fremde Regionen zu entdecken. Das Kennenlernen neuer Landstriche und Gebiete im weiten Deutschland ist ebenso spannend wie die Neuentdeckung der bekannten oder ins Auge gefassten Urlaubsregion.

4 Ausblick

Der Heimatkrimi ist Trend[54], eine literarische Modeerscheinung und damit vergänglich. Um aus diesem Trend ein eigenes fortwährendes Genre zu manifestieren, muss sich der Heimatkrimi weiterentwickeln, der Leser bei Laune gehalten werden. Man kann nicht blind auf den Regional-Hype vertrauen, denn allein der Hinweis auf einen regional angesiedelten Krimi wird auf Dauer nicht reichen. Dabei ist an eine „Spezialisierung" zu denken, in der Form, dass zwar weiterhin diese Krimis hauptsächlich für einen begrenzten Interessentenkreis geschrieben werden, aber nicht für eine Region, sondern aus einem Anlass heraus. Der regional-orientierte Krimi hat durch aus eine

---

[53] Vgl.: http://blogs.taz.de/hausmeisterblog/2010/07/12/regionalkrimis_5_genre-pflege/

[54] Vgl.:http://lebenwoanders.com/2011/06/23/bayernkrimis-ein-bundesland-im-trend/

Zukunft und die liegt in der Liaison mit dem Themenkrimi, der jedes denkbare „Special Interest" bedient – der Gourmet-Krimi, der Wander-Krimi, der historische Krimi, der Bier-Krimi, der Fußball Krimi die alle an einem bestimmten Ort eingebettet sind, sozusagen „Themenkrimis mit Lokalkolorit". Dass dies funktionieren kann, zeigt z.b. der Autor Bernd Köstering[55] mit seinen regionalen Themenkrimis. Dabei steht immer die Region Weimar im Mittelpunkt und die Morde stehen im Zusammenhang mit dem Thema „Goethe". Sein erster Krimi „Goetheruh" war so erfolgreich, dass bereits zwei weitere folgten, „Goetheglut" und „Goethesturm". Ob es sich dann dabei um Trivialliteratur handelt oder nicht, kann dahingestellt bleiben, den bereits Oscar Wilde war der Meinung, dass es albern ist, eine strenge und unumstößliche Regel zu definieren, was man lesen sollte und was nicht. Man sollte alles lesen. Mehr als die Hälfte unserer heutigen Bildung verdanken wir dem, was man nicht lesen sollte"[56].

5 Persiflage zum Heimatkrimi mit einem „Austria-Dorf-Krimi"

Henkersmahlz-EI-t

- Ein Austria-Dorfkrimi -

Wenn ihr diese Geschichte lest, bin ich wahrscheinlich schon tot.

Aber der Reihe nach.

Ich heiße Eggi, eigentlich Ekkehard und Eggi ist die Kurzform. Gut, Eggi ist nicht viel besser, aber doch nicht ganz so altbacken. Namen kann man sich ja bekanntermaßen nicht aussuchen, die bekommt man einfach so mit, also man hat keinen Einfluss und ist völlig schicksalsergeben. Ich glaube, da fing mein Pech schon an. Aber Namen sind Schall und Rauch. Als ob dieser Name nicht schon Strafe genug wäre, kommt noch ein weiteres äußerliches Manko dazu. Jawohl, ich habe keine Haare! Sicher, kein Einzelschicksal, aber diesen kleinen Schönheitsmakel habe ich bereits seit der Geburt. Während Andere glatzköpfig auf die Welt kommen und so nach und nach einen dichten Haarwuchs bekommen, kann man sich bei mir auf dem Kopf auch nach Jahren noch spiegeln. Das macht einen in der Frauenwelt nicht gerade attraktiver, aber dafür umso mehr einzigartiger, vor allem, wenn man dies noch mit einem knallroten Käppi garniert. Ansonsten würde ich sagen, entspreche ich der „Din-Norm", also ein völlig durchschnittlicher Typ. Ich will mich nicht beschweren, mir geht's gut, meine Eltern sind von der Großstadt auf das Land gezogen, eher auf den Berg um genau zu sein, nämlich auf den Gersberg. Dieser liegt in einer stattlichen Höhe von 756 m über dem Meeresspiegel und

---

[55] Vgl.: http://www.literaturkrimi.de/
[56] Oscar Wilde: Aphorismen – Kapitel 2 „Leben und Moralität" auf http://gutenberg.
spiegel.de/buch/1835/2

ist ein Ausläufer vom Gaisberg. Von hier aus hat man einen wunderbaren Blick über die Stadt Salzburg bis zur Burg. Unterhalb des Gersberg liegt Parsch, zwar nicht gerade St. Moritz, aber mindestens so beschaulich. Wir wohnen sehr komfortabel, auf „Gut Sonnleitn", ein ehemaliges Luxushotel, leider wurde es 2001 geschlossen. Der Garten ist riesig, viel Grün, nette Nachbarn und immer genug zum Essen. Eingebettet in eine große Familie, 3 Geschwister, Oma, Opa, Mutter und Vater und ein paar weiteren völlig uninteressanten Gestalten. Ja und, klar, Familie Gickel. Bunt, schrill, aber liebenswürdig. Unsere Punks. Er hat einen riesigen roten Kamm auf dem Kopf und sie hat unglaublich lange Nägel. Die Kinder laufen den ganzen Tag nackt herum. Na ja, wer`s mag. In dieser Idylle sollte man glauben, dass man sicher ist, vorausgesetzt man überlebt den täglichen Schreiangriff des Chefgockels (einer der Uninteressanten) in der Früh um vier, an den man sich leider nie gewöhnt. Ich wach dadurch zwar in der Regel auf, aber wer aufwacht, der schläft auch wieder ein und so steh ich Tag für Tag meinen Mann und ertrage diese Qual und verzichte auf diese zehn Minuten Schlaf, gehe zur Toilette und schlafe dann eben wieder ein. Aber heute ist alles anders, kein morgendliches Gegackere, sondern tatsächliches Geschrei. Ich wache auf, sehe gerade noch, wie mein Vater wild gestikuliert und meine Mutter, wie ein aufgescheuchtes Huhn davon rennen. Ein Überfall! Vier große Männer in Stiefeln und Handschuhen, teilweise schwer bewaffnet. Sie schlagen wild um sich und ehe ich mich versehe, wird es um mich dunkel. Die mangelnde Gegenwehr meinerseits kann ich damit erklären, dass vier Uhr in der Frühe keine wirkliche Zeit ist, in der gut situierte Casanovas, wie ich, in der Lage sind, sich zu verteidigen. Mit Feigheit oder Unvermögen hat das nichts, aber gar nichts zu tun. Was ist passiert? Ich versuche mich zu beruhigen und höre um mich herum leises „Gewimmer und Gejammere". Memmen, Weicheier, Kriegsdienstverweigerer! Nur gut, dass ich auch mit meiner roten Käppi zu Bett gehe, den dieses Designerstück fühle ich in der Dunkelheit auf meinem Kopf. Es gibt mir Kraft und macht einen Mann zum Helden, denn ich schweige. Wir fahren wohl in einem LKW und sind zugedeckt mit einer großen, schwarzen Plane. Eine Entführung! Die gute Nachricht. Ich bin nicht alleine. Die schlechte Nachricht. Wir sitzen alle in der gleich beschissenen Lage. Nach kurzer Fahrt hält der LKW und wir werden ausgeladen. Für einen kurzen Augenblick sehe ich das Sonnenlicht und stelle fest, dass neben mir eine Mischung aus Bruce Willis und Schwarzenegger kauert, dessen Vater wohl „50 Cent" war. Ein riesiger Dunkelhäutiger, muskulös, lange Haare, tätowiert und Sonnenbrille. Der hat sich wohl gewehrt, denn er hat überall Schrammen am Körper. Wie gut, dass ich mich nicht gewehrt habe, denn was hätte daraus werden sollen, wenn diese Kampfmaschine sich auch nicht hat retten können. Schon schlau von mir, im richtigen Moment die „Schneckentaktik" anzuwenden, also Kopfeinziehen und nichts tun. Die Situation ist die gleiche, aber die Schrammen habe ich mir wenigstens erspart. Komisch, die Gebäude ringsherum kommen mir bekannt vor, auch das Haus in das wir jetzt alle gebracht werden. Jetzt ist es wieder dunkel und nicht nur das, sondern auch noch eiskalt. Ich höre Stimmen, Wortfetzen wie „...alle in die Pfanne hauen" und „...pass auf, dass es nicht spritzt". Das ist beunruhigend. Der Schwarze neben mir hat vor lauter Angst und Nervosität sich nun sogar Rastalocken gedreht, was das Äußere auch nicht gerade symphatischer wirken lässt, wobei das im Dunkeln nicht so zur Wirkung kommt. Es muss ein jämmerliches Bild sein. Nun, ich denke, Außenstehende, die just nur einen kurzen Blick auf uns werfen könnten, würden sagen „Rotkäppchen trifft Whoopi Goldberg". Das Stimmengewirr wird wieder weniger, alle haben sich beruhigt und man hat sich an die Dunkelheit gewöhnt. Dummerweise nicht an die Kälte. Aber ich bin ja einer der besser Gestellten, denn ich habe ja meine Käppi, ja, die hält wenigstens den Kopf warm. Immer wieder wird die Gefängnistüre geöffnet, neue Geiseln werden gebracht, andere Dinge werden herausgeholt, genau sehen kann ich das bei dem kurzen Lichteinfall nicht. Achtung, die Situation spitzt sich zu, einer der Entführer packt uns nun alle gleichzeitig und bringt uns heraus. Die Augen müssen sich mühsam an das Licht gewöhnen, da hilft einem auch kein Käppi, aber dafür ist es gleich wärmer. Alles geht so schnell, einer von uns wird gegriffen, grob, unsanft und wird grausam blitzschnell vor den Augen der Anderen hingerichtet. Kopf ab! Das Entsetzen steht in unseren Gesichtern, wir fürchten um unser Leben. Ich höre noch Worte wie: „Pass auf das Cholesterin auf!", wahrscheinlich eine Art Sprengstoff und „...eines reicht!" Jetzt erkenne ich die Terroristen, es sind unsere Nachbarn aus dem Wolfsgartenweg, Herr und Frau Holztrattner, wer hätte das gedacht! Und die Moral von der „Geschicht": "Der Tod ist dir gewiss, die Stunde ungewiss."

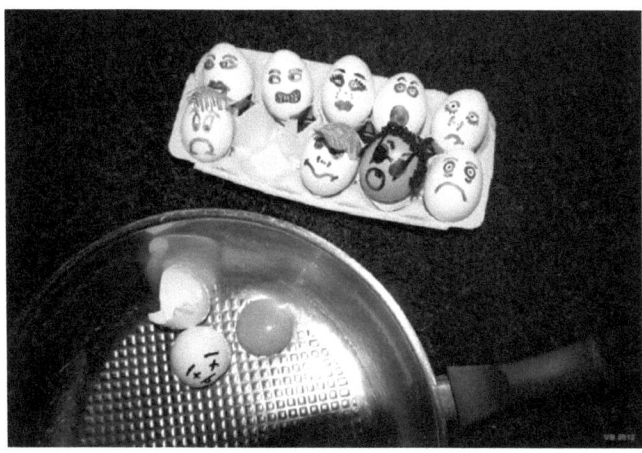

ENDE

Literaturverzeichnis

10.1 Primärliteratur

- Klüpfel, Volker / Kobr, Michael (2003): Milchgeld – Kluftingers erster Fall – München: Piper (12. Aufl. als TB), 2007
- Falk, Rita (2011): Schweinskopf al dente – Ein Provinzkrimi – München: DTV (3. Aufl. 2012)
- Maurer, Jörg (2009): Föhnlage – Alpenkrimi –Frankfurt: Fischer (19. Aufl.), 2011

10.2 Sekundärliteratur

- J. Vogt /Hg.): Der Kriminalroman. Poetik, Theorie, Geschichte, München 1998
- U. Suerbaum: Krimi. Eine Analyse der Gattung, Stuttgart 1984
- U. Leonardt: Mord ist ihr Beruf. Die Geschichte des Kriminalromans, München, 1990
- E. Bloch: Philosophische Ansicht des Detektivromans, in: Der Kriminalroman, Bd. I, Hg. Von Jochen Vogt, München 1998, S. 38-51.
- C. Vismann: „SherlockHolmesSuperDetektiv" in Literaturen 11/2001, S. 14-17
- O. Buslau „Bei Interview Mord", Emons; Auflage: 1., Aufl. (25. Oktober 2005)
- Oscar Wilde: Aphorismen – Kapitel 2 „Leben und Moralität" auf http://gutenberg.spiegel.de/buch/1835/2
- Günter Lange u.a.: Textarten – didaktisch, eine Hilfe für den Literaturunterricht, Schneider Verlag 1998, S.70
- Nusser, Peter (1980): Der Kriminalroman. Stuttgart: Metzler (3. Aufl.)
- Finckh, Eckhard (Hrsg.) (1974): Theorie des Kriminalromans. Stuttgart: Reclam (Nachdruck 2002)
- http://www.welt.de/print-wams/article131308/Die-deutsche-Krimi Landschaft.html
- http://www.kritische-ausgabe.de/hefte/verbrechen/piess.pdf
- http://www.uni-due.de/einladung/vorlesungen/epik/kriminalroman.htm
- Silke Leuendorf „Der Regionalkrimi im Westen von Deutschland. Poetik und Entwicklung eines Genres", 2008
- http://blogs.taz.de/hausmeisterblog/2010/07/12regionalkrimis_5
- http://krimiblog.blogspot.de/2009/09/was-ist-ein-regionalkrimi-eine-autopsie.html
- http://www.krimi-couch.de/krimis-aus-der-schweiz.html

- http://www.dradio.de/kulturnachrichten/201207051800/19
- http://www.merkur-online.de/nachrichten/kultur/rita-falks-heimatkrimi-dampfnudelblues-wird-verfilmt-2385938.html
- http://www.little-artur.de/werkstatt/workshops/mini_krimi/krimi_workshop.htm
- http://wiki.zum.de/Kriminalliteratur
- http://www.krimi-couch.de/krimis/dprs-krimilabor-erzael-perspektive.html
- http://www.welt.de/wams_print/article2967841/Das-Boese-lauert-an-der-Ecke.html
- http://www.buecher-wiki.de/index.php/BuecherWiki/regionalkrimi
- http://www.hinterland-magazin.de/pdf/Hinterland18Klein.pdf
- http://www.goethe.de/kue/lit/aug/de8129560.htm
- http://www.richtberg.org/?page_id=11(pdf-Dokument„Der Regionalkrimi „Milchgeld")
- http://www.krimimann.de/krimi-faq.htm
- http://www.das-syndikat.com/krimi-schreiben/krimi-von-a-z/
- http://suite101.de/article/qou-vadis-kriminalliteratur-a43524
- http://www.sueddeutsche.de/medien/fernsehtrend-regionalkrimis-verbrechen-in-der-heimat
- http://www.stadt-geschichte-zukunft.de/grusswort
- http://www.tatort-fulda.de/
- http://www.faz.net/aktuell/wirtschaft/konjunktur/studie-des-diw-die-mittelschicht-schrumpft-1997710.html
- http://www.wisegeek.com/what-is-a-red-herring.htm
- http://www.epochtimes.de/hirnforschung-produkte-mit-tradition-sind-erfolgreicher-938557.html
- http://www1.tibs.at/content/die-retrowelle
- http://literaturkrimi.de/index.php?id=goetheruh
- http://www.br.de/pressestelle/inhalt/pressemitteilungen/heimatkrimis-uebersicht-100.html
- http://www.tu-braunschweig.de/Medien-DB/paed-psych/sozial-kognitive-theorie-banduras-1.pdf
- http://www.philolex.de/naivreal.htm
- ttp://www.hinternet.de/weblog/2007/08/krimi-sprache-notizen.php
- http://www.volksstimme.de/ratgeber/noch_mehr_ratgeber/499908_-richtig-feiern-kann-ist-zufriedener-und-gesuender.html
- http://www.tegernseerstimme.de/heimat-ist-kein-ort-heimat-ist-ein-gefuhl-oder-was-tust-du-eigentlich-fur-dein-tal/27378.html
- http://www.welt.de/kultur/literarischewelt/article13419771/Klufting.er-killt-Harry-Potter-und-verliebte-Vampire.html

- http://www.tu-cottbus.de/theoriederarchitektur/Wolke/ /deu/Themen/992/Muhar/muhar.html
- http://www.focus.de/politik/deutschland/weniger-delikte-aufgeklaert-strassenkriminalitaet-in-deutschland-steigt_aid_753549.html
- http://baeaeaemm.de.tl/gruselige-geschichten-.--.--.--.--k1-vielleicht-auch-nicht-so-gruselig-ar--f--k2-.htm
- http://www.mittelbayerische.de/reisen/reise-freizeit/artikel/kriminal-tango-in-hillesheim/807435/kriminal-tango-in-hillesheim.html
- http://lebenwoanders.com/2011/06/23/bayernkrimis-ein-bundesland-im-trend/
- „Welt der Wunder", S.53, Heft 11/12 „Wie werde ich beliebt?"